外 教 社 法 语 悦 读 系 列

U0745370

DEUX ANS DE VACANCES
两年的假期

原作者 Jules Verne

改　编 Jérôme Lechevalier

插　图 Marco Di Domenico

编　译 孟玉秋

上海外语教育出版社
外教社 SHANGHAI FOREIGN LANGUAGE EDUCATION PRESS
www.sflep.com

CIDEB

图书在版编目（CIP）数据

两年的假期／（法）儒勒·凡尔纳著；孟玉秋编译.
—上海：上海外语教育出版社，2019（2021重印）
（外教社法语悦读系列）
ISBN 978-7-5446-5854-6

Ⅰ.①两… Ⅱ.①儒… ②孟… Ⅲ.①法语－语言读物
②科学幻想小说－法国－近代 Ⅳ.①H329.4：Ⅰ

中国版本图书馆CIP数据核字（2019）第095349号

图字：09-2018-546

出版发行：**上海外语教育出版社**
（上海外国语大学内） 邮编：200083
电　　话：021-65425300（总机）
电子邮箱：bookinfo@sflep.com.cn
网　　址：http://www.sflep.com
责任编辑：胡怡纯

印　　刷：常熟市华顺印刷有限公司
开　　本：890×1240　1/32　印张 2.5　字数 103千字
版　　次：2019 年 8 月第 1 版　2021 年 2 月第 2 次印刷

书　　号：ISBN 978-7-5446-5854-6 / Ⅰ
定　　价：25.00 元
本版图书如有印装质量问题，可向本社调换
质量服务热线：4008-213-263　电子邮箱：editorial@sflep.com

前　言

　　近年来，随着国际国内政治、经济、社会、文化交流的发展，国家对外语人才的培养要求和规格悄然发生了变化，对多语种人才的需求日益增加。越来越多的年轻人加入法语学习的行列，学习之余，却发现适合初学者的法语读物一书难求。为解决这一问题，上海外语教育出版社精心策划出版了"外教社法语分级注释读物系列"，于2005年和2008年分两批共推出18种图书，为法语初学者提供了高质量的法语原版文学读物。该系列因分级清晰、文笔优美、故事引人入胜、练习丰富多样广受法语学习者的欢迎和喜爱。应广大读者的要求，2018年，我们对其进行了重新规划，形成了新的"外教社法语悦读系列"。在保留原分级注释读物系列特色的基础上，编者对作品进行了筛选，以普及经典名著为出发点，新增了多部法国文学的代表作品，如《小王子》《胡桃夹子》《悭吝人》《红与黑》《基督山伯爵》等，为读者接触更多法语名著提供便利。

　　"外教社法语悦读系列"分为A1、A2、B1三个级别，共18册，帮助读者由浅入深、循序渐进地提高阅读能力。这套读物的特色有：

　　✓ 故事经典，改编科学，既保留了作品的完整性，又符合初学者的语言水平，帮助读者无障碍接触经典，培养阅读原版法语作品的兴趣。

　　✓ 全文录音，将阅读和听说有机结合；朗读富有感染力，引人入胜，手机扫码即可随时随地下载音频，温习故事，提升听力水平。

✓ 语法讲解精炼，帮助读者掌握基础语法，为读者扫除阅读障碍，更好地理解原文，收到事半功倍的效果。

✓ 附文化背景知识介绍，既可帮助学习者掌握相关知识，拓宽视野，又能帮助他们将作品置于特定的历史文化环境下加以理解。

✓ 练习丰富，形式活泼多样，听说读写训练并重，紧扣DELF考试题型，帮助学习者在悦读的同时轻松备考。

"外教社法语悦读系列"具有很强的可读性和趣味性，是法语初学者提高语言实践能力的得力助手。

Sommaire

CHAPITRE **1**	*Perdus dans la tempête*	7
CHAPITRE **2**	*Île ou continent ?*	14
CHAPITRE **3**	*La grotte du Français*	22
CHAPITRE **4**	*Une colonie bien organisée*	30
CHAPITRE **5**	*Quatre de moins, une de plus*	38
CHAPITRE **6**	*Les bandits du Severn*	46
CHAPITRE **7**	*L'île Hanovre*	53

DOSSIERS	Jules Verne	2
	Manuel pratique de survie en mer	20
	La robinsonnade	28

TRADUCTION DES DOSSIERS	62
SOLUTIONS DES EXERCICES	67

🔊 Ce symbole indique les enregistrements et le numéro de leur piste.
n. piste

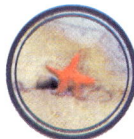

目　录

第一章	迷失在风暴中	7
第二章	岛屿还是陆地？	14
第三章	法国人的洞穴	22
第四章	井然有序的生活	30
第五章	走了四个，来了一个	38
第六章	赛文号上的歹徒	46
第七章	汉诺威岛	53

拓展阅读	儒勒·凡尔纳	2
	海上生存实用指南	20
	鲁滨逊式荒岛生活	28

| 拓展阅读译文 | | 62 |

| 练习参考答案 | | 67 |

🔊 为音频序号标志
n. piste

iv

Dossier 1

Jules Verne[1]

Jeunesse

Jules Verne naît le 8 février 1828, à Nantes, un important port maritime. Son père est avocat et sa mère vient d'une famille de riches navigateurs. À onze ans, il fugue et s'embarque comme mousse [2] sur un long-courrier en partance pour les Indes. Mais son père le rattrape juste après le départ du navire.

En 1848, il s'installe à Paris pour poursuivre ses études de droit. Mais son diplôme en poche, il refuse de travailler avec son père. Car Jules Verne se passionne pour la littérature et le théâtre en particulier. En 1850, il fait jouer sa première comédie grâce à Alexandre Dumas. L'année suivante, il travaille comme secrétaire du Théâtre-Lyrique et écrit des livrets d'opérette.

Littérature et voyages

En 1852, il publie sa première longue nouvelle dans la revue *Le Musée des Familles*. Il fréquente assidûment la Bibliothèque nationale et dévore les publications de géographie et de sciences. En 1857, il se marie avec une jeune veuve. En 1859, il voyage en Angleterre et en Écosse, et en 1861, en Scandinavie.

En 1862, il présente son roman *Cinq semaines en ballon* à l'éditeur Hetzel qui lui signe un contrat pour les vingt années suivantes (et qui va se prolonger jusqu'après sa mort). Il remporte un succès triomphal en

---

1. 参考译文见第62−63页。
2. **un mousse**：年轻水手

France et dans le monde. C'est le premier roman de la longue série de ses *Voyages extraordinaires*. Il va publier ensuite : *Voyage au centre de la Terre* (1864), *De la Terre à la Lune* (1865), *Les Enfants du capitaine Grant* (1868), *Vingt mille lieues sous les mers* (1870), *Le Tour du monde en quatre-vingts jours* (1873), *L'Île mystérieuse* (1874), *Michel Strogoff* (1876), *Les Cinq cents millions de la Bégum* (1879), *Deux ans de vacances* (1888), *Le Château des Carpathes* (1892), pour ne citer que ceux-là !

À partir de 1866, l'écrivain s'achète des bateaux qui grandissent avec le succès mais portent tous le nom de *Saint-Michel* (comme son unique fils né en 1861). À bord de son « cabinet de travail flottant », il va naviguer en mer du Nord, en Baltique et en Méditerranée. En 1872, il s'installe à Amiens. En 1889, il est élu au conseil municipal de la ville. Il meurt dans sa maison amiénoise le 24 mars 1905.

Œuvre

L'œuvre de Verne compte quatre-vingts romans (ou longues nouvelles). Elle relève du genre du voyage imaginaire, mais la science y remplace

Le bateau *Saint-Michel* de Jules Verne.
凡尔纳的船 "圣米歇尔号"

le merveilleux. Ses héros explorent des territoires inconnus à pied, à cheval, en ballon, en *Nautilus* et même dans un obus interplanétaire.

Jules Verne mêle le roman historique d'aventure à ce que nous appelons aujourd'hui la « science-fiction ». Mais si les machines et les techniques que l'écrivain décrit dans ses romans restent et resteront toujours de belles inventions purement imaginaires, en revanche son œuvre a influencé, et influence encore, des milliers d'ingénieurs et d'explorateurs de partout dans le monde.

Jules Verne est avant tout un conteur qui sait merveilleusement raconter une histoire, ménager les coups de théâtre et qui laisse libre cours au rêve tout en s'interrogeant sur son époque.

Compréhension écrite

1 **DELF** **Lisez attentivement le dossier, puis dites si les affirmations suivantes sont vraies (V) ou fausses (F).** 仔细阅读上文，判断正误。

		V	F
1	Jules Verne naît à Nantes.	☐	☐
2	Jules Verne écrit des livrets d'opérette.	☐	☐
3	*Le Musée des Familles* est un lieu d'exposition réservé aux familles.	☐	☐
4	*Cinq semaines en ballon* est le premier des *Voyages extraordinaires*.	☐	☐
5	Les bateaux de Jules Verne s'appellent tous *Saint-Michel*.	☐	☐
6	Son œuvre compte cent dix romans.	☐	☐
7	Jules Verne a inventé de vraies machines.	☐	☐
8	Il meurt à Paris.	☐	☐

Personnages

De gauche à droite et de haut en bas : **Walston, Doniphan, Jacques, Kate, Moko, Gordon, Phann et Briant**. 从左至右，从上至下：沃茨顿、多尼芬、雅克、凯特、莫科、戈登、范恩（狗）、布里昂。

Avant de lire

1 Les mots suivants sont utilisés dans le chapitre 1. Associez chaque mot à l'image correspondante. 第一章包含下列单词，将图片与单词对应起来。

a Une amarre   **d** Un mousse   **g** Une longue-vue

b Une falaise   **e** Le récif   **h** Un bois

c Une plage   **f** Les vagues   **i** Une couchette

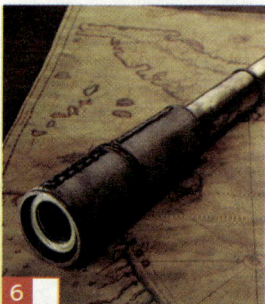

Perdus dans la tempête

Dans la nuit du 9 mars 1860, au milieu de l'océan Pacifique démonté, une goélette[1], le *Sloughi*, affronte une terrible tempête. Sur le pont arrière, quatre garçons luttent pour manœuvrer le voilier. Ce sont Briant, Doniphan et Gordon, trois adolescents âgés de treize et quatorze ans, aidés de Moko, un mousse de douze ans.

— Courage ! crie Briant. Tenez-vous solidement !

Quand soudain un déchirement se fait entendre.

— Nous n'avons plus de voile ! s'écrie Doniphan terrifié.

C'est alors qu'un enfant apparaît par l'ouverture de la cabine.

— Il y a eu de l'eau en bas ! crie Jacques, le petit frère de Briant.

Briant se précipite dans la cabine. Sur les couchettes, une dizaine d'enfants, âgés de huit et neuf ans, le regardent épouvantés. Le chien Phann n'est pas plus rassuré.

---

1. **une goélette** : 双桅纵帆船

— Pas de danger, leur dit Briant, l'eau est entrée par le pont.

Mais qui sont donc ces enfants, livrés à eux-mêmes au cœur de la tempête ? Ce sont les élèves de la pension Chairman, l'une des plus estimées de la ville d'Auckland, capitale de la Nouvelle-Zélande, importante colonie anglaise du Pacifique. Ils sont tous néo-zélandais sauf Briant et Jacques qui sont français et Gordon, qui est américain. Pourquoi sont-ils seuls au milieu de l'océan ?

Remontons trois semaines en arrière. Nous sommes le 14 février 1860 et c'est le premier jour des grandes vacances (de ce côté de l'hémisphère[1], c'est l'été). Quatorze élèves âgés de huit à quatorze ans, s'embarquent sur le *Sloughi* pour une croisière de quelques semaines le long des côtes néo-zélandaises. La goélette doit prendre la mer le lendemain, mais ce soir-là, l'équipage en entier, à l'exception du jeune Moko, sort à terre pour vider un verre de whisky. Les enfants s'endorment à bord. Que se passe-t-il ensuite ? L'amarre du voilier est détachée[2], par négligence ou par malveillance... À bord on ne s'aperçoit de rien. Quand Moko se réveille, le *Sloughi* est déjà en haute mer[3].

À Auckland, après plusieurs jours de recherches vaines, les parents perdent tout espoir de revoir leurs enfants vivants. Pourtant, ces braves garçons vont dériver tant bien que mal pendant trois semaines.

Mais désormais leur situation est désespérée : le *Sloughi* ne peut plus résister un jour de plus à la tempête. Soudain à l'aube, Moko s'écrie : « Terre ! terre ! » en indiquant un point à l'horizon au milieu des éclairs et des vagues.

Le *Sloughi* se rapproche rapidement de la côte. Les garçons

---

1. **un hémisphère** : 半球
2. **détacher** : 解开
3. **en haute mer** : 在公海

voient nettement une plage au pied de la falaise.

— Je n'aperçois pas de maison et il n'y a pas une seule embarcation, continue Moko qui observe maintenant à la longue-vue.

Mais de dangereux récifs se dressent devant eux. Alors Briant ouvre la porte de la cabine et ordonne :

— En haut tout le monde et accrochez-vous bien !

Maintenant tous les enfants sont réunis sur le pont arrière. Brusquement, une énorme vague soulève le *Sloughi* et l'entraîne par dessus les rochers.

Le voilier s'immobilise sur le sable pendant que la mer, en se retirant, laisse toute la plage à sec.

— Sauvés ! s'écrient tous les enfants ensemble.

Le bateau est couché sur le côté, près de l'embouchure [1] d'une petite rivière.

— Nous voilà à terre ! dit Gordon.

Mais quelle est cette terre qui semble inhabitée...

— J'espère surtout qu'elle n'est pas inhabitable, répond Briant. Nous avons des provisions et des munitions pour quelque temps. Il faut touver un abri [2], au moins pour les petits !

Alors Briant et Gordon traversent un bois et longent la falaise sans réussir à l'escalader [3]. Et comme ils ne trouvent pas de refuge, ils rentrent déçus au *Sloughi*.

En attendant de trouver mieux, on décide de rester sur le bateau.

Moko prépare un repas. Après tant de jours d'angoisse et de terreur, les garçons sont affamés.

---

1. **une embouchure** : 河流入海口
2. **un abri** : 栖身之地
3. **escalader** : 徒手攀爬

Après la lecture

Compréhension écrite et orale

piste 02

1 **DELF** Écoutez et lisez le chapitre, puis cochez la bonne réponse. 听录音并阅读本章，找出正确答案。

1 Le voilier navigue sur l'océan

a ☐ Atlantique. b ☐ Pacifique. c ☐ Indien.

2 Sur le voilier il y a

a ☐ seulement des enfants. b ☐ seulement des adultes. c ☐ des adultes et des enfants.

3 Ils ont très peur à cause

a ☐ de la tempête. b ☐ des pirates. c ☐ des baleines.

4 Finalement, ils aperçoivent

a ☐ des embarcations. b ☐ des maisons. c ☐ une plage.

Enrichissez votre vocabulaire

2 Choisissez la bonne définition pour chaque expression. 找出下列表达的正确含义。

1 L'océan démonté.
- a ☐ L'océan est violemment agité par la tempête.
- b ☐ L'océan est calme, la mer est plate.

2 De braves garçons.
- a ☐ Des garçons courageux.
- b ☐ Des garçons avec de longs bras.

3 Des enfant livrés à eux-mêmes.
- a ☐ Les grands lisent des livres aux petits.
- b ☐ Ils sont seuls et abandonnés.

4 Des recherches vaines.
- a ☐ Les recherches ne donnent rien.
- b ☐ Les recherches doivent commencer le lendemain.

Grammaire

Il faut + 不定式 (*Il faut* + infinitif)

Il faut后面跟动词不定式的结构表示需要或应该做的事。

***Il faut trouver** un abri, dit Briant.*

它的否定式结构表示禁止。

***Il ne faut pas s'approcher** du bord de la falaise, c'est dangereux.*

3 **Complétez les phrases en choisissant l'obligation ou l'interdiction.** 用表示必须或禁止的结构把句子补充完整。

1 ...Il faut... tourner à droite.

2 .... tourner à droite.

3 .... faire attention.

4 .... s'arrêter.

Production écrite et orale

4 **DELF** **Racontez le souvenir d'une fois où vous vous êtes perdus au cours d'une randonnée à la campagne, ou bien dans les rues d'une ville.** 讲述你某次在野外或者在城市迷路的经历。

5 **DELF** **Par écrit, racontez comment vous imaginez l'endroit où se trouvent les enfants. Est-ce un continent ? Une île ? Est-ce qu'il y a des habitants ? Des animaux ? Comment est la végétation ?** 按照你的想象描绘一下书中孩子们身处的地方。在陆地还是岛屿？有没有人居住？是否有动物出没？植物是怎样的？

....
....
....
....
....

Avant de lire

1 **Les mots suivants sont utilisés dans le chapitre 2. Associez chaque mot à l'image correspondante.** 第二章包含下列单词，将图片与单词对应起来。

a Des coquillages
b Des conserves de nourriture
c Des couvertures

d Des allumettes
e Du fil
f Une boussole

g Un canard
h Une oie
i De l'encre

1 2 3

4 5 6

7 8 9

Île ou continent ?

Au réveil, nos quinze naufragés organisent leur survie. Moko emmène les plus jeunes (Jenkins, Dole, Costar et Iverson) ramasser des coquillages.

— Tu ne les accompagnes pas Jacques ? demande Briant en s'adressant à son petit frère.

Mais Jacques, autrefois le rigolo[1] du pensionnat, reste silencieux. Il se tient à l'écart du groupe.

De leur côté, les grands entreprennent l'inventaire[2] de la cargaison du *Sloughi*. Briant, Garnett, Baxter et Service font le compte des conserves de nourriture. Tandis que Doniphan, Cross, Wilcox et Webb rassemblent tout le matériel de bord. Gordon, très méthodique, note sur un carnet tous les objets qu'ils récupèrent : des vêtements chauds, des couvertures, des armes, des allumettes, des outils, du fil, des livres,

---

1. **un rigolo** : 善于逗乐的人，开心果
2. **l'inventaire** : 清点

des cahiers et de l'encre. Il y a encore un baromètre, un thermomètre centigrade, deux montres marines, une boussole et la longue-vue.

On voit que la vie matérielle des survivants du *Sloughi* est assurée pour au moins un certain temps. Mais il reste à savoir où ils sont. Sur une île ou sur un continent ? Il leur faut découvrir si cette terre inconnue peut leur fournir de quoi se nourrir pour économiser leurs réserves. En effet, s'ils sont sur une île déserte, ils ne peuvent pas espérer en partir par leurs propres moyens.

Doniphan part à la chasse accompagné de ses trois meilleurs amis : Wilcox, Webb et Cross. Les premiers jours, ils ramènent surtout des canards et des oies.

De son côté, Briant part en reconnaissance [1] avec la boussole et la longue-vue. Après quelques heures de marche, il arrive au sommet d'un cap. Au-delà de la forêt, une ligne bleue semble indiquer l'horizon. Cette terre est donc une île ?

De retour au campement du *Sloughi*, il informe ses camarades de sa découverte. Les enfants sont déçus par le résultat de ses recherches.

— Je pense que Briant se trompe, je veux vérifier moi-même, dit Doniphan.

— Organisons une excursion de plusieurs jours, propose Gordon. Il nous faut trouver au plus vite un refuge plus sûr.

En effet, le *Sloughi* n'est pas très confortable et le bois de la coque [2] laisse passer le vent et la pluie. Mais surtout, ils ont remarqué que cette terre ne fait pas partie des tropiques. Les chênes, les pins et les sapins [3] indiquent que les hivers peuvent être froids.

Cependant, le mauvais temps les empêche de partir et pendant plusieurs jours, la vie continue autour de l'épave [4] du *Sloughi*.

---

1. **partir en reconnaissance** : 前去侦察
2. **une coque** : 船体
3. **des chênes, des pins, des sapins** : 橡树、松树、枞树，均为温带植物
4. **une épave** : 沉船残骸

Enfin, le 2 avril, Briant, Doniphan, Wilcox et Service partent en exploration avec le chien Phann. Ils grimpent au sommet de la falaise, mais ils ne voient pas la ligne bleue de l'horizon observée par Briant. Alors, ils marchent longtemps. En arrivant devant une grande rivière, ils remarquent des pierres savamment alignées qui permettent de traverser à sec.

— Ces pierres ne sont pas venues toutes seules ! dit Wilcox.

Les garçons traversent la rivière et campent dans la forêt. Le lendemain, en fin de journée, ils découvrent une plage de sable.

— Briant a raison, nous sommes sur une île, dit Webb, découragé.

C'est alors que Phann se jette dans l'eau et se met à la boire.

— De l'eau douce, c'est de l'eau douce ! s'écrient les garçons ensemble.

— Mais alors, c'est un lac ! déclare Doniphan. Nous ne sommes pas sur une île !

Ils installent leur campement au bord du lac et s'endorment, confiants, au chaud sous les couvertures qu'ils ont emportées.

Au réveil, ils longent[1] le lac, quand tout d'un coup, le chien s'arrête net, une patte levée, la gueule tendue. Puis brusquement il s'élance vers un bouquet d'arbres.

— Il a flairé[2] une piste ! s'écrie Service.

— Restons sur nos gardes[3] ! dit Briant.

Alors, les jeunes avancent avec prudence, les revolvers à la main. Une bande de farouches[4] indigènes se trouve-t-elle dans le voisinage ?

Quand ils retrouvent Phann, celui-ci aboie furieusement devant l'entrée d'une grotte à moitié cachée par la végétation. Et ils découvrent, gravées sur l'écorce[5] d'un arbre, deux lettres et une date :

FB

1807

---

1. **longer** : 沿着……走
2. **flairer** : 闻，嗅
3. **rester sur ses gardes** : 处于戒备状态
4. **farouche** : 野蛮凶狠的
5. **l'écorce** : 树皮

Après la lecture

Compréhension écrite et orale

1 Écoutez et lisez le chapitre, puis dites qui fait quoi. 听录音并阅读本章，将人物和事迹对应起来。

piste 03

1 ☐ Moko
2 ☐ Gordon
3 ☐ Briant
4 ☐ Jacques
5 ☐ Phann
6 ☐ Doniphan

a Il part à la chasse accompagné de ses trois meilleurs amis.
b Il emmène les plus jeunes ramasser des coquillages.
c Il aboie furieusement.
d Il note sur un carnet tous les objets récupérés.
e Il part seul en reconnaissance avec la boussole et la longue-vue.
f Il se tient à l'écart du groupe.

2 **DELF** Écoutez et lisez le chapitre, puis dites si les affirmations suivantes sont vraies (V), ou fausses (F). 听录音并阅读本章，判断正误。

piste 03

	V	F
1 Jacques n'amuse plus les autres.	☐	☐
2 La vie matérielle des survivants est assurée pour un certain temps.	☐	☐
3 La terre sur laquelle ils ont débarqué fait partie des tropiques.	☐	☐
4 Les enfants découvrent un pont en bois au-dessus d'une rivière.	☐	☐
5 Phann boit l'eau du lac parce qu'elle est douce.	☐	☐
6 « FB 1907 » est l'inscription qu'ils découvrent sur un arbre.	☐	☐

Enrichissez votre vocabulaire

3 Remettez les lettres dans l'ordre pour retrouver les mots correspondant à chaque définition. 按照定义，用下列字母拼出正确的单词。

1 Très vaste étendue de terre : un .... TENCINTON

2 Ligne circulaire qui sépare le ciel et la mer : l'................... . ZONHIRO

3 Étendue d'eau douce à l'intérieur des terres : un .... CLA

4 Trou naturel dans la roche qui peut servir d'abri : une .... TROGTE

4 Associez chaque mot de l'exercice 3 à l'image correspondante. 找到练习 3中的单词对应的图片。

a

b

c

d

Production écrite

5 **DELF** Quel est le paysage qui vous attire le plus ? La mer, la montagne, le désert ou encore la forêt tropicale ? Décrivez-le et racontez pourquoi il vous plaît. 你最喜欢什么样的风景？海、山、沙漠还是热带雨林？请做描写，说明喜欢的原因。

Dossier 2

Manuel pratique de survie en mer[1]

Aujourd'hui, à bord de chaque navire, il y a au moins un radeau de sauvetage rigide ou gonflable. Et à l'intérieur de ce canot, on trouve une brochure imperméable : le *Manuel pratique de survie en mer*, édité par le Centre d'étude et de pratique de la survie, prodigue toutes les recommandations en cas de naufrage. Il explique aussi comment survivre sur une île déserte.

Du temps de Jules Verne, ce précieux livre n'existe pas encore. Mais les héros de *Deux ans de vacances* font preuve de sagesse et d'intelligence. Ils agissent dans le même sens que les conseils que l'on peut lire aujourd'hui dans le *Manuel*.

Quelques conseils pratiques

En arrivant sur la terre ferme, il faut d'abord faire le point de la situation. Se demander où l'on est et s'il y a des dangers menaçants (la marée, des animaux sauvages, des chutes de pierre). Ensuite, il faut improviser un abri. Le *Manuel* conseille d'utiliser d'abord l'embarcation avec laquelle on a échoué sur la côte. Ce que font les élèves de la pension Chaïrman ! Le *Manuel* explique aussi comment se nourrir : récupérer de l'eau

---

1. 参考译文见第64页。

douce (même en pleine mer), comment pêcher et chasser et quelles sont les espèces comestibles. Il y a aussi un chapitre pour prévoir le temps, connaître les types de nuages, les zones de pluies et les cyclones tropicaux. Un autre chapitre explique comment signaler sa présence à l'aide des fusées de secours, d'un miroir et même à l'aide d'un cerf-volant. Briant et ses amis sont vraiment dégourdis !

Le *Manuel* présente aussi tout ce qu'il ne faut surtout pas faire : avant tout, il ne faut jamais perdre espoir. On apprend aussi que l'anthropophagie (se nourrir de chair humaine) est fortement déconseillée ! Elle pourrait développer une mauvaise atmosphère parmi les naufragés, les détourner de leurs efforts pour survivre et les amener à leur perte…

À la fin du *Manuel*, il y a même un jeu de carte à découper. « Ayez de l'humour : n'hésitez pas à rire de la situation dans laquelle vous êtes. Rire de vous-mêmes ? Vous n'en finirez jamais. »

Compréhension écrite

1 **DELF** **Lisez attentivement le dossier, puis dites si les affirmations suivantes sont vraies (V) ou fausses (F).** 仔细阅读上文，判断正误。

		V	F
1	Il y a un *Manuel* sur chaque île déserte.	☐	☐
2	Briant et ses amis ne connaissent pas le *Manuel*.	☐	☐
3	En arrivant sur la terre ferme, il faut abandonner son embarcation.	☐	☐
4	Le cerf-volant est un bon moyen de signaler sa présence.	☐	☐
5	Les naufragés doivent toujours rester sérieux.	☐	☐

La grotte du Français

Briant coupe une branche de sapin et l'enflamme. Puis, les garçons se glissent prudemment à l'intérieur de la grotte. Dedans, il y a des objets qui montrent que quelqu'un a habité là : un couteau, des ustensiles de cuisine, un tabouret[1], une sorte de lit et un vieux cahier à moitié lisible. Briant l'ouvre et lit les premiers mots :

— François Baudoin, Saint-Malo. C'est un Français, un compatriote ! s'écrie-t-il avec émotion.

Mais surtout, ils trouvent une carte dessinée à la main. Ils reconnaissent la plage où ils ont échoué[2], la rivière, la falaise, le lac, et découvrent... la mer qui entoure toute la terre. Hélas, c'est bien Briant qui a raison, ils sont sur une île !

---

1. **un tabouret** : 凳子
2. **échouer** : 搁浅

En ressortant, les garçons découvrent, entre les racines d'un arbre, le squelette d'un être humain. Ce sont les restes du pauvre Français. Avant de repartir, ils lui donnent une sépulture[1].

Le 5 avril 1860, de retour au *Sloughi*, les explorateurs font part de leurs découvertes. Si la carte est exacte, leur île mesure 50 milles[2] dans sa plus grande longueur du nord au sud, sur 25 milles dans sa plus grande largeur de l'ouest à l'est. Au milieu, le lac mesure 18 milles sur 5 milles. Il est bordé de vastes forêts.

— Cette caverne, c'est un excellent abri, propose Briant.

— Nous avons tous les outils pour l'aménager, dit Doniphan.

— Il faut s'y installer avant l'hiver, ajoute Briant.

— Nous pouvons facilement rejoindre la grotte du Français en suivant la rivière indiquée sur la carte, conclut Gordon.

La décision est prise à l'unanimité. Ils vont déménager et transporter tout leur matériel et toutes leurs provisions vers le nouveau refuge. Alors, ils démolissent le *Sloughi* pour construire un radeau[3]. C'est une très longue entreprise qu'il faut parfois interrompre à cause d'une mauvaise météo. Pendant tout ce temps, ils campent sous une tente de fortune[4].

Enfin, le 6 mai au matin, les quinze naufragés s'installent à bord de leur embarcation. Mais avant de quitter la baie, on décide de planter sur la falaise le mât du *Sloughi* pour y hisser un pavillon[5] afin d'attirer l'attention d'un navire au large. Baxter hisse le pavillon anglais, en même temps que Doniphan le salue d'un coup de fusil.

— Eh ! Eh ! fait observer Gordon à Briant, voilà Doniphan qui

---

1. **une sépulture** : 葬礼
2. **un mille** : 海里 (长度单位)
3. **un radeau** : 筏子
4. **une tente de fortune** : 应急帐篷
5. **un pavillon** : 船上悬挂的旗帜

prend possession de l'île au nom de l'Angleterre !

— Il me semble qu'elle lui appartient déjà ! ironise Briant.

Pour remonter la rivière jusqu'au lac, ils profitent du courant des marées montantes. Deux jours plus tard, ils débarquent sur leur nouveau terrain et tous les petits poussent des cris de joie. Il n'y a que Jacques qui n'a pas l'air heureux. Il semble porter en lui un lourd secret...

Pendant plusieurs jours, tout le monde est réquisitionné[1] pour la nouvelle installation. Les provisions, les armes et les deux petits canons du *Sloughi* sont soigneusement stockés. Le fond de la grotte est réservé pour les couchettes et dans un recoin proche de l'entrée, Baxter perce un trou pour faire passer le tuyau du fourneau de la cuisine afin que la fumée s'échappe à l'extérieur. On agrandit même la caverne en creusant un peu.

Dans un bois proche, on pose des pièges pour la capture des sangliers[2], des cerfs et des lièvres. On attrape même une autruche[3] et Service décide de la domestiquer.

Le soir du 10 juin, après le dîner, il leur vient une idée de donner un nom à leur île :

— Puisque nous sommes des élèves de la pension Chairman, appelons-la l'île Chairman, propose le jeune Costar.

Sous les applaudissements de tous, le nom est immédiatement adopté et la grotte prend également le nom de French Den (la grotte du Français) en souvenir du pauvre naufragé. Briant suggère alors de choisir un chef.

— D'accord, mais qui nommer ? demande Doniphan anxieux.

— Notre camarade Gordon est le plus sage de tous, dit Briant.

— Hourrah pour Gordon ! s'écrient à la fois grands et petits.

Et voilà comment Gordon est proclamé chef de la petite colonie de l'île Chairman pour une durée d'un an.

---

1. **réquisitionner** : 征用，差遣
2. **un sanglier** : 野猪
3. **une autruche** : 鸵鸟

Après la lecture

Compréhension écrite et orale

1 **DELF** Écoutez et lisez le chapitre, puis remettez les phrases dans le bon ordre. 听录音并阅读本章，将下列句子按发生的先后顺序排列。

piste 04

a ☐ Ils donnent un nom à l'île.

b ☐ Ils démolissent le *Sloughi*.

c ☐ Les garçons décident de s'installer dans la grotte.

d ☐ Briant a raison, ils sont bien sur une île.

e ☐ On agrandit la caverne.

f ☐ Ils trouvent une carte dessinée à la main.

2 Écoutez et associez chaque enregistrement au personnage correspondant. 听录音，将发言和人物对应起来。

piste 05

☐ Doniphan   ☐ Briant   ☐ Jacques

☐ Moko   ☐ Gordon

Enrichissez votre vocabulaire

3 Associez chaque mot à l'image correspondante. 找到图片对应的单词。

a Un couteau **d** Un radeau

b Un tabouret **e** Le fourneau

c Un pavillon **f** Une autruche

| 1 | 2 | 3 |
| 4 | 5 | 6 |

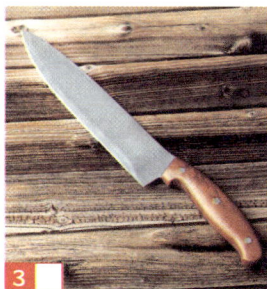

Production orale

4 Vous découvrez une nouvelle île et vous devez la nommer. Choisissez le nom de cette nouvelle terre et argumentez votre choix. Attention ! Ce nom restera pour toujours… 假设你发现了一个海岛，要给它命名，写出你的理由。注意，这个名字将是永久性的！

Les personnages de la série *Lost*. 电视剧《迷失》的角色

Dossier 3

La robinsonnade[1]

L'origine

Deux ans de vacances est un roman du genre « robinsonnade ». Le concept de ce genre littéraire est très simple : une ou plusieurs personnes vont échouer sur une île déserte et vont devoir lutter pour survivre face à une nature hostile. S'ils sont plusieurs, ils vont ainsi reconstruire une société. Le premier roman du genre est *Robinson Crusoé* (1719) de Daniel Defoe. Le romancier s'est inspiré de l'aventure authentique d'un marin écossais qui a vécu seul sur une île au large du Chili, de 1704 à 1709.

En littérature

Au XIXe siècle, le genre est fortement exploité, souvent dans le but de donner de beaux exemples de moralité aux jeunes lecteurs. Le *Robinson suisse* (1813) de Johan David Wyss connaît un très fort succès. Il raconte l'aventure d'une famille entière perdue sur une île indonésienne. En France, entre 1840 et 1875, on compte plus de quarante robinsonnades : en plus de *Deux ans de vacances*, Jules Vernes a aussi écrit *L'Éternel Adam* (1871), *L'Île Mystérieuse* (1874) et *La Seconde Patrie* (1900). Le roman de pirates *L'Île au trésor* de Robert Louis Stevenson peut aussi être considéré comme un roman de robinsonnade.

Au XXe siècle, quelques écrivains croisent la robinsonnade avec la science-fiction. Dans *Robinson de l'espace* (1970) de Gianni Padoan, un

---

1.　参考译文见第65页。

astronaute américain va se trouver seul sur la Lune, et dans *Malevil* (1983) de Robert Merle, un groupe de survivants rescapé d'une guerre nucléaire s'organise derrière les remparts d'une forteresse.

Sa Majesté des mouches (1954) de William Golding raconte l'adaptation de jeunes garçons dont l'avion s'est écrasé sur une île. Mais ils vont reconstruire une société cruelle et brutale. Ce roman s'oppose aux belles utopies présentées par les premières robinsonnades.

À la télé

Tous ces livres ont été adaptés pour le cinéma. Mais la télévision aussi aime les robinsonnades. La série américaine *Lost* (2004-2010) fait entièrement partie du genre : suite à une explosion, les passagers d'un vol commercial doivent survivre sur une île étrangement hostile. Et de nombreux jeux de téléréalité mettent en scène des candidats livrés à eux-mêmes face à la nature sauvage.

Qui n'a jamais rêvé d'être un Robinson sur une île ?

Compréhension écrite

1 **DELF** **Lisez attentivement le dossier, puis dites si les affirmations suivantes sont vraies (V) ou fausses (F).** 仔细阅读上文，判断正误。

		V	F
1	*Robinson suisse* est le premier roman du genre robinsonnade.	☐	☐
2	Jules Verne n'a écrit que trois romans du genre robinsonnade.	☐	☐
3	*L'Île au trésor* n'est pas une robinsonnade.	☐	☐
4	*Robinson de l'espace* se passe dans une autre galaxie que la nôtre.	☐	☐
5	*Sa Majesté des mouches* est un livre optimiste.	☐	☐
6	Un roman de robinsonnade se déroule forcément sur une île déserte.	☐	☐

Une colonie bien organisée

Sur l'île Chairman, l'hiver est rude. Alors, Gordon établit un programme quotidien. Après la vie matérielle, il faut aussi penser à la vie morale.

Sait-on combien de temps va durer leur séjour sur cette île ?

Avec les quelques livres fournis par la bibliothèque du *Sloughi*, les grands reprennent leurs études et se consacrent aussi à l'instruction [1] des plus jeunes. Autre décision, Baxter va tenir désormais le « Journal de bord de l'île Chairman ».

Dès que le temps le permet, les petits sont autorisés à sortir pour faire de l'exercice en plein air.

De plus, on organise une conférence suivie d'un débat deux fois par semaine. Et tous les dimanches soir, Garnett joue de l'accordéon [2] tandis que les autres chantent, plus ou moins faux...

---

1. **l'instruction** : 教育
2. **un accordéon** : 手风琴

Enfin, la belle saison s'annonce. Et les jeunes garçons profitent à nouveau des joies de la nature.

Dans la matinée du 26 octobre, malgré les recommandations de Gordon, Service décide de monter sur l'autruche. Garnett et Baxter tiennent l'animal dont la tête est recouverte d'un capuchon[1].

Après plusieurs essais ratés, Service parvient à s'élancer sur son dos.

— Lâchez ! crie-t-il peu rassuré.

L'autruche, qui ne voit rien, reste d'abord immobile. Le jeune garçon la serre fort entre ses jambes. Mais dès qu'il lui retire le capuchon, l'autruche fait un bond extraordinaire et part dans une course folle en direction de la forêt. Ses camarades se lancent à leur poursuite. Quand ils retrouvent Service, celui-ci est tombé dans l'herbe et l'autruche a déjà disparu.

— La sale bête ! Ah ! Si je la rattrape ! râle[2] Service.

— Tu ne la rattraperas jamais ! se moque Doniphan.

Enfin, avec le beau temps, les jeunes colons vont pouvoir réaliser les projets qu'ils ont imaginés pendant les longues journées d'hiver. Ils veulent surtout comprendre si leur île est vraiment isolée. Fait-elle partie d'un archipel du Pacifique ? Non, s'ils regardent la carte dessinée par François Baudoin. Mais les jeunes garçons sont mieux équipés que le pauvre naufragé de Saint-Malo. Ils possèdent une longue-vue pour observer la mer au large.

Le 5 novembre, Gordon, Doniphan et cinq de leurs camarades quittent la grotte pour explorer le nord du lac. Ils escaladent un sommet et sont extrêmement déçus car ils n'aperçoivent pas de terre à l'horizon. Mais ils rentrent tout de même heureux, car ils ramènent un lama ainsi qu'une chèvre sauvage et ses deux

---

1. **un capuchon** : 风帽，帽兜
2. **râler** : 抱怨

chevreaux. Désormais, ils vont avoir du lait frais !

Le 4 février 1861, expédition de reconnaissance vers l'est. Moko, Briant et Jacques traversent le lac sur le radeau. Briant est très préoccupé[1] par l'attitude de son jeune frère.

De l'autre côté du lac, ils trouvent une rivière qui les conduit sur la côte orientale de l'île. Perchés[2] sur un bloc de granit, ils observent longuement l'horizon. Mais rien dans cette direction ! Rien que la vaste mer, entourée par la ligne continue du ciel ! Briant est extrêmement déçu. C'est alors que Jacques, touché par le désespoir de son frère, se jette à ses pieds et se confesse en pleurant :

— Frère, tout est de ma faute. Je voulais juste faire une blague[3], c'est moi qui ai détaché l'amarre sur le port d'Auckland...

— Malheureux ! Comment, c'est toi qui es la cause !

— Pardon... frère... pardon !

— Voilà pourquoi tu restes toujours à l'écart ! Tu as peur que tes camarades apprennent ce que tu as fait !

— Il faut lui pardonner, intervient Moko.

— Les autres vont lui pardonner ? demande Briant.

— Peut-être ! En tout cas il vaut mieux qu'ils n'apprennent rien, conclut Moko.

Et ils en décident ainsi. Ils vont garder le secret.

Le 10 juin 1861, la colonie de l'île Chairman choisit son nouveau chef. Briant est élu, contre l'avis de Doniphan. Jacques prend son grand frère à part :

— Tu veux donc être le chef ?

— Oui, je veux faire encore plus, pour racheter[4] ta faute.

— Merci, frère, et ne m'épargne pas à la tâche !

---

1. **préoccupé** : 忧虑的
2. **perché** : 栖息在高处的
3. **une blague** : 玩笑，恶作剧
4. **racheter** : 弥补，补偿

Après la lecture

Compréhension écrite et orale

piste 06

1 **DELF** Écoutez et lisez le chapitre, puis dites si les affirmations suivantes sont vraies (V) ou fausses (F). 听录音并阅读本章，判断正误。

	V	F
1 Sur l'île Chairman, l'hiver est doux.		
2 Gordon va tenir le journal de bord.		
3 Tous les dimanches, Garnett joue de l'accordéon.		
4 Le 26 octobre, Service décide de monter sur l'autruche.		
5 Gordon et Doniphan sont heureux parce qu'ils n'aperçoivent que la mer à l'horizon.		
6 Grâce à la chèvre, désormais ils vont avoir du lait frais.		
7 Moko, Jacques et Briant traversent le lac sur le radeau.		
8 C'est Jacques qui a détaché l'amarre du *Sloughi*.		
9 Moko ne veut pas pardonner Jacques.		
10 Briant est élu nouveau chef de la colonie.		

piste 06

2 **DELF** Écoutez et lisez le chapitre, puis indiquez la bonne réponse. 听录音并阅读本章，选出正确的答案。

1 Dès que le temps le permet, les petits sont autorisés à *étudier / sortir*.

2 Deux fois par semaine, on organise une conférence suivie d'un *débat / combat*.

3 L'autruche part dans une course folle en direction *de la forêt / du lac*.

4 Les garçons sont *mieux / moins bien* équipés que le naufragé de Saint-Malo.

5 Touché par le désespoir de son frère, Jacques *se jette à ses pieds / fuit*.

6 Briant veut être le chef pour *raconter / racheter* la faute de son frère.

Enrichissez votre vocabulaire

3 **Associez les mots avec leur définition.** 找出下列单词的正确定义。

1 ☐ Un journal de bord

2 ☐ Une conférence

3 ☐ Un débat

4 ☐ Un archipel

5 ☐ Un lama

6 ☐ Du granit

a Mammifère d'Amérique du Sud.

b Exposé fait devant un public.

c Cahier dans lequel on note les événements de la journée.

d Roche très dure.

f Discussion organisée autour d'un thème.

e Ensemble d'îles.

Grammaire

最近将来时 (Le futur proche)

最近将来时用于表达在很近的将来发生的动作。它由动词aller的直陈式现在时加上动词不定式构成。

*Baxter **va tenir** le journal de bord.*

动词aller的直陈式现在时变位 (La conjugaison du verbe *aller* au présent de l'indicatif)

je vais	*nous allons*
tu vas	*vous allez*
il va	*ils vont*
elle va	*elles vont*

4 **Complétez les phrases en utilisant le futur proche.** 将下列动词用最近将来时填空。

Dans une heure, le train ....*va arriver*.......... au terminus (*arriver*).

1 Ce soir, je .... ma chambre (*ranger*).

2 Il travaille bien, il .... sa faute (*racheter*).

3 Demain, nous .... en vacances (*partir*).

4 Pour venir à Marseille, vous .... l'avion (*prendre*).

5 Après le dîner, tu .... les dents (*se brosser*).

6 Au concert, elles .... toute la soirée (*danser*).

7 À l'université, elle .... l'architecture (*étudier*).

8 Après le film, nous .... au restaurant (*dîner*).

9 Dimanche prochain, elles .... au spectacle (*assister*).

10 Encore un peu d'entraînement et tu .... un champion (*devenir*).

Production écrite et orale

5 **Imaginez les thèmes des conférences et des débats organisés par les garçons de l'île Chairman.** 想象切尔曼岛上的少年们组织的讲座和辩论会的主题。

....
....
....
....
....
....
....

6 **DELF** **Comme Jacques, vous est-il arrivé de faire une grosse bêtise ? Racontez-la et dites comment vous l'avez rattrapée.** 你有没有像雅克一样做过傻事？讲述故事，以及你是如何补救的。

Avant de lire

1 Les mots suivants sont utilisés dans le chapitre 5. Associez chaque mot à l'image correspondante. 第五章包含下列单词，将图片与单词对应起来。

a	Le cricket	**c**	Une corde	**e**	Des biscuits
b	Un cerf-volant	**d**	Une lanterne	**f**	Une chaloupe

1

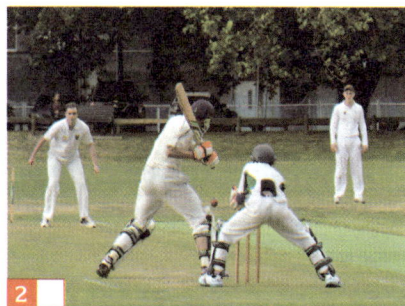

2

3

4

5

6

Quatre de moins, une de plus

Il y a déjà plus d'une année que les jeunes garçons ont échoué sur cette île. Ils continuent à chasser, pêcher et récolter les fruits qu'ils trouvent. Ils savent qu'ils ne peuvent pas partir par leurs propres moyens. Et puis pour aller où ? Et dans quelle direction ?

Ils affrontent un rude hiver de plus. Cependant, il y a de l'électricité dans l'air entre Doniphan et Briant. Au printemps, pendant une partie de cricket, c'est la dispute de trop.

Le 10 octobre 1861, Doniphan, Cross, Webb et Wilcox prennent une grave décision :

— Nous désirons vivre comme nous l'entendons, affirme Doniphan. Et je n'aime pas recevoir des ordres de Briant.

Alors ils quittent la grotte de la colonie, munis de fusils, de lignes, de pièges, et du petit canot pliable, et ils s'en vont à la recherche d'un nouvel endroit pour s'installer sur la côte orientale.

À la grotte, la vie est bien triste. Les garçons regrettent le départ de leurs camarades, Briant plus que tous.

— Je parie qu'ils vont revenir avant le retour de la mauvaise saison, dit Gordon pour consoler Briant.

Avant le retour de la mauvaise saison ! Les jeunes colons sont-ils condamnés à passer un troisième hiver sur l'île Chairman ?

Pour tenter de signaler leur présence au large, Briant décide la construction d'un cerf-volant[1] géant.

— Si nous le faisons voler suffisamment haut, il va être visible à une très grande distance, fait remarquer Briant. Et même la nuit, si nous y attachons une lanterne.

Le projet de Briant ramène la joie dans la colonie. Les petits voient immédiatement le côté amusant de la chose.

— On lui mettra une longue queue, propose Costar.

Le 17 octobre, le cerf-volant est prêt. Il est étendu au sol. Il n'y a plus qu'à tirer sur la corde pour l'envoyer dans les airs. Les garçons attendent le signal de Briant quand Phann s'élance précipitamment[2] du côté de la forêt.

— Il aboie étrangement, remarque Gordon.

— Allons voir ! dit Briant.

Ils avancent d'une cinquantaine de pas dans la forêt lorsqu'ils aperçoivent le chien arrêté devant un arbre. Au pied de l'arbre, une femme d'une quarantaine d'années est étendue, épuisée.

— Elle respire ! s'écrie Gordon. Sans doute, la faim, la soif...

Aussitôt Jacques court vers French Den d'où il rapporte de l'eau et des biscuits. La femme ouvre les yeux.

— Merci... mes enfants... merci ! dit-elle.

Soutenue par les garçons, la femme est amenée jusqu'à la grotte. Elle reprend des forces et raconte son histoire.

---

1. **un cerf-volant** : 风筝
2. **précipitamment** : 急促地，匆忙地

Voici son récit : « Je m'appelle Kate et je suis américaine. Je voyageais sur le *Severn*, un navire de commerce parti de San Francisco et à destination de Valparaiso. Dans la nuit du 7 au 8 octobre, les hommes d'équipage, avec à leur tête le terrible Walston, ont provoqué une révolte. Ils ont tué le capitaine et dans la bataille, le navire a pris feu. Nous nous sommes retrouvés six survivants dans une chaloupe : il y avait Walston, trois de ses hommes, Evans le second capitaine et moi. Ils ont tenu prisonnier Evans pour qu'il les aide à naviguer. Notre embarcation a dérivé pendant plusieurs jours. Une nuit, la tempête nous a jetés sur une plage. Je me suis enfuie à travers la forêt. Pendant deux nuits et deux jours, j'ai marché. J'étais épuisée, je pensais mourir. Et c'est là que vous m'avez trouvée. »

Le projet du cerf-volant est immédiatement abandonné. Les garçons ne veulent plus signaler leur présence car il y a maintenant quatre dangereux bandits qui rôdent[1] sur l'île.

— Il faut prévenir Doniphan et les autres ! déclare Briant.

La nuit même, Briant et Moko partent sur le radeau à la recherche de leurs camarades. Armés et prudents, ils traversent le lac. Quand ils repèrent[2] le feu d'un campement sur une rive. Est-ce leurs camarades ou les bandits ?

Ils abordent à distance. Moko reste sur le radeau et Briant avance caché dans l'ombre. Il écoute les voix. Ouf ! Ce sont bien les garçons !

— Briant, qu'est-ce que tu fais là ? s'étonne Wilcox.

— Vous le saurez plus tard, répond Briant. Venez ! Venez !

---

1. **rôder** : 游荡，闲逛
2. **repérer** : 发现，辨认出

Après la lecture

Compréhension écrite et orale

1 **DELF** **Écoutez et lisez le chapitre, puis remettez les phrases dans le bon ordre.** 听录音并阅读本章，将下列句子按发生的先后顺序排列。

piste 07

a ☐ Briant et Moko repèrent le feu d'un campement sur une rive du lac.

b ☐ Kate raconte son histoire.

c ☐ Doniphan, Cross, Webb et Wilcox quittent la colonie.

d ☐ Les garçons découvrent une femme épuisée au pied d'un arbre.

e ☐ Désormais ils savent que quatre bandits rôdent sur l'île.

f ☐ Il y a de l'électricité dans l'air entre Doniphan et Briant.

g ☐ Briant décide de la construction d'un cerf-volant.

h ☐ Briant et Moko partent à la recherche de leurs camarades.

2 **Écoutez et cochez le personnage correspondant à chaque enregistrement.** 听录音，将句子和人物对应起来。

piste 08

	Doniphan	Briant	Kate	Jacques
1				
2				
3				
4				

Enrichissez votre vocabulaire

3 **Associez les mots ou les expressions avec leur définition.** 找出下列单词或词组的正确定义。

1 ☐ Il y a de l'électricité dans l'air.

2 ☐ La mauvaise saison.

3 ☐ L'embarcation a dérivé.

4 ☐ Phann s'élance précipitamment.

a L'hiver.

b La tension monte entre différentes personnes.

c D'un coup, il part en courant.

d Le courant et le vent ont conduit le bateau.

Grammaire

未完成过去时 (L'imparfait)

通常，未完成过去时用来为过去发生的动作铺垫背景，或描述人物、地点、物品。

*Je **voyageais** sur le* Severn.
*J'**étais** épuisée, je **pensais** mourir.*

未完成过去时的变位，词根是直陈式现在时的第一人称复数变位去掉ons，按人称依次加上词尾-ais，-ais，-ait，-ions，-iez，-aient来构成。

je trouvais   je finissais   j'écrivais

动词être的变位不规则。

j'étais, tu étais, il / elle / on était, nous étions, vous étiez, ils / elles étaient

以-ger或-cer结尾的动词，单数人称和第三人称复数的变位中，g和c要变为ge和ç。

*tu man**ge**ais   elles commen**ç**aient*

以-ier结尾的动词，第一、第二人称复数的词尾要双写i。

*Nous étud**ii**ons   Vous étud**ii**ez*

4 **Conjuguez les verbes à l'imparfait.** 用下列动词的未完成过去时填空。

1 Ils .... très faim (*avoir*).

2 Tu .... pendant la leçon de mathématiques (*s'ennuyer*).

3 Le plus gourmant .... tous les plats (*finir*).

4 Nous .... vite pour leur échapper (*marcher*).

5 Je .... tous les jours à la cantine (*manger*).

6 L'hiver, vous .... l'autobus (*prendre*).

Coin Culture

Le Trophée Jules Verne

Règlement

Le *Trophée Jules Verne* est une épreuve nautique qui récompensera le concurrent qui aura établi ou amélioré le record du tour du monde à la voile, à condition que ce tour du monde ait été réalisé en moins de 80 jours et dans le respect du règlement en vigueur.

Parcours

- Couper la ligne de départ définie par une ligne reliant le phare du Créac'h sur l'île d'Ouessant et le phare du Cap Lizard au sud de l'Angleterre.
- Faire le tour du monde en laissant à bâbord[1] le Cap de Bonne Espérance, le Cap Leeuwin et le Cap Horn.
- Recouper la ligne définie ci-dessus en sens inverse.

Participants

Le Trophée est ouvert à tout type de navires et d'équipage sans restriction. Les navires seront propulsés par la seule force du vent et de l'équipage et toute sorte d'énergie non propulsive sera autorisée.

Équipage

Le nombre d'équipiers embarqués est libre.

Assistance

Aucune assistance extérieure n'est autorisée.

---

1. **le bâbord** : 左舷

5 **Lisez le texte du Coin Culture et observez la carte, puis choisissez la bonne affirmation.** 阅读上文及地图，选择正确答案。

1 Le Trophée *Jules Verne* est
   a ☐ une course entre plusieurs bateaux. Le premier arrivé sera le vainqueur.
   b ☐ une épreuve nautique. Celui qui améliorera le record du tour du monde à la voile remportera l'épreuve.

2 Le tour du monde s'effectue
   a ☐ par l'est.
   b ☐ par l'ouest.

3 Choisissez la bonne affirmation.
   a ☐ Tous les bateaux, même à moteur, peuvent participer.
   b ☐ Seuls les voiliers peuvent participer.

4 Choisissez la bonne affirmation.
   a ☐ C'est une épreuve en solitaire.
   b ☐ Le nombre d'équipiers embarqués est libre.

5 Le Cap de Bonne Espérance est
   a ☐ au sud de l'Afrique.
   b ☐ au sud de l'Asie

Production écrite

6 **Vous êtes-vous déjà disputé avec vos amis ? Racontez.** 你有没有和朋友争吵的经历？讲述一下。

Les bandits du *Severn*

De retour à la grotte, en apprenant les évènements nouveaux, Doniphan est plein de reconnaissance pour Briant qui a pris tant de risques pour eux.

— Ah, Briant, tu vaux mieux que moi ! déclare Doniphan.

La colonie est de nouveau au complet, et même enrichie d'un nouveau membre ! Kate est aux petits soins avec les garçons. Les petits ont trouvé une nouvelle mère. Cependant, on reste très prudent. Les bandits sont-ils encore sur l'île ? Alors, on ne s'éloigne plus de la grotte et on ne chasse plus avec les fusils.

Un soir, après le dîner, Kate fait une proposition :

— Mes enfants, je peux retourner sur la plage où j'ai débarqué. Si la chaloupe est encore là, c'est que Walston n'est pas parti. Si elle n'est plus là, il n'y a plus rien à craindre.

Jugée trop risquée, la proposition de Kate est repoussée[1].

---

1. **repousser** : 拒绝

Les jours passent, et la vie est pénible parce qu'ils ne peuvent plus aller où bon leur semble. Il faut absolument savoir si les bandits sont encore là. Alors, Briant propose une idée folle :

— Pourquoi ne pas utiliser le cerf-volant de nuit avec l'un d'entre nous suspendu[1] à 200 m de haut pour repérer la fumée du campement de Walston ? demande Briant.

L'idée est très risquée. Mais s'ils renforcent correctement le cerf-volant et construisent une nacelle[2], l'idée vaut le coup[3] d'être tentée.

Le soir du 8 novembre, le cerf-volant est prêt et le vent est idéal.

— Qui veut monter ? demande Briant.

— Moi ! répondent Doniphan, Baxter, Wilcox, Cross et Service.

— Frère, c'est à moi de me dévouer[4] ! intervient Jacques.

Et il ajoute d'une voix chargée de sanglots :

— Gordon, Doniphan, si vous êtes ici... tous... loin de vos parents... sur cette île... C'est à cause de moi ! J'ai détaché l'amarre qui retenait le *Sloughi* au quai d'Auckland ! Je voulais faire une farce... Pardon, pardon !

Et tous entourent Jacques, touchés par l'émotion et le dévouement de leur camarade. Kate essaie de le consoler.

— C'était mon idée, c'est moi qui vais monter ! s'écrie Briant.

Alors, il grimpe dans la nacelle et donne l'ordre de redresser le cerf-volant. L'appareil emporté par le vent monte doucement. Puis Baxter, Wilcox, Cross et Service laissent filer la corde. En dix secondes, le « géant des airs » disparaît, entraînant avec lui le courageux chef de la colonie.

Perché à 200 m d'altitude, Briant guette[5] la nuit. De jour, peut-

---

1. **suspendu** : 吊着的，悬挂着的
2. **une nacelle** : 吊篮
3. **valoir le coup** : 值得做
4. **se dévouer** : 作出牺牲
5. **guetter** : 警戒，窥伺

être pourrait-il apercevoir d'autres îles, voir même un continent ? Il observe à la longue-vue les alentours quand à l'est, il repère la lueur d'un feu. Ainsi, les bandits n'ont pas quitté l'île Chairman !

Briant laisse glisser une balle percée le long d'une ficelle qui arrive en quelques secondes à la main de Garnett. C'est le signal pour redescendre. À terre, les garçons tirent sur la corde. Dans les derniers mètres, le vent faiblit et la nacelle chute. Heureusement Briant n'est pas blessé.

Désormais, ils vont rester sur leurs gardes.

Le 24 novembre, lors d'une patrouille[1] de surveillance, Gordon trouve une pipe à quelques centaines de mètres de la grotte. Kate la reconnaît, c'est celle de Walston. Les bandits se rapprochent...

Le soir du 27 novembre, un orage violent éclate sur l'île. Les garçons se sont barricadés[2] dans la grotte. Quand le chien se met à pousser des grondements[3] sourds et continus.

— Phann ne s'est jamais trompé ! Il se passe quelque chose ! dit Baxter.

Soudain, une détonation éclate. Coup de tonnerre, coup de revolver ? Doniphan, Baxter, Cross et Wilcox se tiennent prêts à faire feu, lorsqu'une voix crie du dehors : « À moi !... À moi ! »

— Ouvrez, c'est Evans ! s'exclame Kate.

La porte est ouverte, et un homme, dégoulinant[4] d'eau, se précipite à l'intérieur de la grotte. C'est Evans, le second capitaine du *Severn*. Il referme la porte, s'avance dans la caverne, observe le petit monde qui l'entoure et murmure :

— Des enfants !... Rien que des enfants !... Kate, vous êtes vivante !

---

1. **une patrouille** : 巡逻
2. **barricader** : 用路障封闭
3. **des grondements** : 低沉的嗥叫声
4. **dégouliner** : 流，淌

Après la lecture

Compréhension écrite et orale

piste 09

① **DELF** **Écoutez et lisez le chapitre, puis dites si les affirmations sont vraies (V) ou fausses (F).** 听录音并阅读本章，判断正误。

		V	F
1	De retour à la grotte, Doniphan est très fâché avec Briant.	☐	☐
2	Kate est comme une nouvelle mère pour les petits.	☐	☐
3	On chasse tous les jours avec les fusils.	☐	☐
4	La proposition de Kate est acceptée.	☐	☐
5	Le 8 novembre, le vent est idéal.	☐	☐
6	Gordon trouve une pipe dans la grotte.	☐	☐
7	Briant repère un feu vers l'est.	☐	☐
8	Evans vient se réfugier dans la grotte.	☐	☐

Enrichissez votre vocabulaire

② **Remettez les lettres dans le bon ordre pour retrouver les mots correspondant à chaque définition.** 按照定义，用下列字母拼出正确的单词。

1 Un homme malhonnête, un brigand : un .... TANBID

2 Soulager quelqu'un qui a de la peine : .... RELOSONC

3 Action destinée à faire rire, une blague : une .... CARFE

4 Arme à feu qui se tient à une main : un .... VOLVERRE

③ **Associez les mots ou les expressions avec leur définition.** 找出下列单词或词组的正确定义。

1 ☐ Guetter

2 ☐ Kate est aux petits soins avec les garçons.

3 ☐ La colonie est au complet.

a Elle s'occupe très bien d'eux.

b Tout le monde est présent.

c Surveiller l'arrivée de quelqu'un.

Compréhension orale

piste 10

4 Écoutez l'enregistrement du « Journal de bord de l'île Chairman » et choisissez la bonne réponse. 听录音"切尔曼岛日志"，找出正确答案。

« Le 8 novembre 1861.

Ce soir, le vent était (1) .... et nous avons décidé de faire voler le cerf-volant.

D'abord nous avons discuté pour savoir qui allait (2) ....

C'est alors que Jacques a fondu en larmes et qu'il a (3) .... que c'est lui qui avait détaché le Sloughi sur le port d'Auckland.

Puis Briant est monté dans la nacelle et le « géant des airs » s'est envolé dans la (4) .... Au bout d'un certain temps, nous avons reçu la (5) .... percée. Alors nous avons ramené le cerf-volant à terre, mais la nacelle a (6) ....

Heureusement Briant ne s'est pas blessé. Il nous a dit que les (7) .... sont à l'est de l'île. Nous allons (8) .... rester sur nos gardes. »

1	**a**	idéal	**b**	absent
2	**a**	mentir	**b**	monter
3	**a**	avoué	**b**	chanté
4	**a**	nuit	**b**	vie
5	**a**	malle	**b**	balle
6	**a**	chaviré	**b**	chuté
7	**a**	sangliers	**b**	bandits
8	**a**	savoir	**b**	devoir

Production orale

5 Vous êtes un des garçons de la colonie Chairman. Imaginez toutes les questions que vous voulez poser à Evans. 如果你是切尔曼岛上的少年之一，想象一下你想问埃文斯的问题。

Avant de lire

1 Les mots suivants sont utilisés dans le chapitre 7. Associez chaque mot à l'image correspondante. 第七章包含下列单词，将图片与单词对应起来。

a La gorge   **c** Un bras de mer   **e** Un cargo à vapeur

b La poitrine   **d** Le désert   **f** Un port

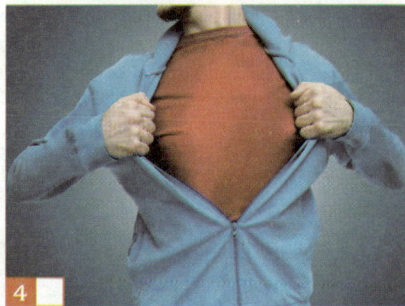

L'île Hanovre

*B*arricadée dans la grotte, la colonie accueille chaleureusement Evans, le second du *Severn*.

piste 11

— Sommes-nous en danger d'être attaqués ? demande Briant.

— Non, pas pour l'instant, répond Evans. Ils me croient mort. Quand ils m'ont tiré dessus, j'ai plongé dans le lac.

— Savent-ils que nous sommes là ? demande Gordon.

— Oui, vous avez été découverts, dit Evans. Ils veulent s'emparer de vos outils pour réparer la chaloupe.

— Comment cette chaloupe peut-elle traverser le Pacifique ? demande Doniphan.

— Traverser le Pacifique ? Mais vous êtes au milieu d'un archipel d'îles qui bordent le Chili ! s'exclame Evans.

— Alors l'île Chairman n'est pas perdue au milieu de l'océan ? demande Gordon.

— L'île Chairman ! réplique Evans. Eh bien, ça lui fera deux noms puisqu'elle s'appelle déjà l'île Hanovre !

Selon Evans, les bandits, Walston et ses trois hommes, vont employer la ruse[1]. Ils ne savent pas que les enfants connaissent leurs véritables intentions et leur identité. Lui et Kate vont rester cachés.

Trois jours plus tard, deux hommes s'approchent le long du lac. Gordon et Doniphan vont à leur rencontre. Les bandits expliquent qu'ils viennent de faire naufrage et qu'ils sont les seuls survivants. Les adolescents font mine[2] de les croire et leur offrent l'hospitalité.

Dans la nuit, les deux hommes sont surpris alors qu'ils tentent de faire entrer leurs complices. Evans sort de sa cachette et la bagarre[3] éclate. Il neutralise un bandit tandis que l'autre s'échappe.

Le lendemain, Evans, Doniphan, Service et Briant, bien armés, patrouillent dans les bois quand une détonation éclate. Une balle vient d'effleurer[4] la tête de Service. Doniphan épaule son fusil et abat un bandit.

— Il en reste encore deux ! s'écrie Evans. Tenez-vous à l'abri !

Quand d'un coup, un bandit armé d'un couteau saute sur Briant. Doniphan s'interpose et c'est lui qui est poignardé[5] à la poitrine. Evans tire, le bandit s'effondre.

Doniphan est gravement blessé. Tout à coup des cris se font entendre du côté de la grotte. Evans accourt et voit Walston qui sort de la grotte. Armé d'un revolver, il tient Jacques qu'il entraîne vers la rivière. Impossible de tirer sur Walston, sans risquer de blesser le jeune garçon !

Soudain, Phann s'élance à leur poursuite et saute à la gorge du chef des bandits. Surpris, il lâche Jacques et même son revolver. Le jeune garçon s'en empare et blesse mortellement Walston.

---

1. **une ruse** : 诡计，花招
2. **faire mine** : 佯作
3. **une bagarre** : 打斗
4. **effleurer** : 擦过，掠过
5. **poignarder** : 刺伤

Maintenant qu'il n'y a plus de danger, une ère nouvelle commence pour les jeunes colons de l'île Chairman. On soigne le courageux Doniphan. En quelques jours, on ramène la chaloupe du *Severn* à proximité de la grotte. Longue d'une dizaine de mètres, elle va pouvoir prendre à son bord les dix-sept passagers que compte alors la petite colonie. Mais de nombreuses réparations sont à faire. Heureusement, Evans est aussi bon charpentier[1] que bon marin.

Le 8 janvier, la chaloupe est prête. On s'occupe alors des provisions et du chargement. Car même si le continent n'est séparé de leur île que de quelques bras de mer, il n'est pas question d'y débarquer immédiatement : l'endroit est désertique, il n'y a pas âme qui vive à des centaines de kilomètres à la ronde[2]. Ils vont devoir naviguer longtemps vers le sud, pour trouver le premier port.

Enfin, le 5 février, la chaloupe prend la mer. Les adolescents regardent avec le cœur serré l'extrême pointe de l'île Chairman-Hanovre disparaître à l'horizon. Le 11 février, la chaloupe débouche dans le détroit de Magellan[3]. Le 13 février, elle croise la route d'un cargo à vapeur. Le capitaine prend tout le monde à bord et offre même de les reconduire. Le 25 février 1862, les naufragés du *Sloughi*, Evans et Kate débarquent à Auckland.

En un instant, la nouvelle se répand dans toute la ville. La population entière accourt et acclame les jeunes naufragés qui tombent dans les bras de leurs parents.

Quand on publie le journal de bord des naufragés du *Sloughi*, le monde entier se l'arrache[4]. Partout on veut connaître les aventures de ces garçons portés disparus... pendant plus de deux ans.

1. **un charpentier** : 木匠
2. **à la ronde** : 方圆
3. **le détroit de Magellan** : 麦哲伦海峡，南美洲南端连接大西洋与太平洋的水道，宽550公里
4. **s'arracher** : 争夺，争抢

Après la lecture

Compréhension écrite et orale

piste 11

1 **DELF** **Écoutez et lisez le chapitre, puis choisissez la bonne réponse.** 听
录音并阅读本章，找出正确答案。

1 Dans la grotte, Evans est accueilli

    a ☐ froidement.

    b ☐ chaleureusement.

2 L'île Chairman s'appelle en vrai l'île

    a ☐ Chili.

    b ☐ Hanovre.

3 Selon Evans, les bandits vont employer

    a ☐ la ruse.

    b ☐ la force.

4 Evans et Kate vont rester

    a ☐ cachés.

    b ☐ devant la porte.

5 Evans neutralise un bandit tandis que l'autre

    a ☐ s'endort.

    b ☐ s'échappe.

6 Le garçon poignardé à la poitrine est

    a ☐ Briant.

    b ☐ Doniphan.

7 Evans est un bon

    a ☐ charpentier.

    b ☐ charcutier.

8 Le 11 février, la chaloupe débouche dans le détroit de

    a ☐ Béring.

    b ☐ Magellan.

Enrichissez votre vocabulaire

2 **Complétez les mots croisés. Tous les mots sont dans le livre.** 完成下面的填词游戏。所有的单词都已在书中出现过。

1 Unité de mesure pour les distances maritimes.

2 Se dit d'une personne cruelle et sauvage.

3 Drapeau d'un navire.

4 Défaire un nœud.

5 Un voilier généralement à deux mâts.

6 Très grand oiseau ne volant pas mais courant très vite.

7 Arbres des régions à climat continental.

8 La partie du bateau qui lui permet de flotter.

9 Un siège sans bras ni dossier.

10 Lieu où l'on peut se protéger du danger.

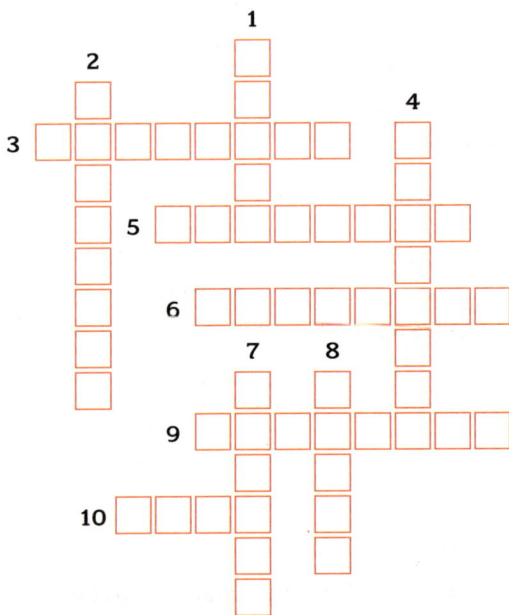

Grammaire

代词式动词 (Les verbes pronominaux)

代词式动词包含与主语相对应的自反代词，它们是me, te, se, nous, vous, se。

*Je **me** souviens   Vous **vous** souvenez*

me, te, se在元音或哑音h开头的动词之前要省音。

*Tu **t'**organises   Elles **s'**organisent*

否定式中，ne放在自反代词前面，pas放在动词后面。

*Je **ne me** souviens **pas** du naufrage.*

3 **Conjuguez les verbes entre parenthèses au présent de l'indicatif, puis conjuguez-les à la forme négative.** 将下列动词用直陈式现在时填空，然后把它们变为否定式。

1 (*s'interposer*)

Tu .... devant le bandit armé. Tu .... devant le bandit armé.

2 (*s'éloigner*)

La chaloupe .... de l'île Hanovre. La chaloupe .... de l'île Hanovre.

3 (*se promener*)

Vous .... sur la plage. Vous .... sur la plage.

4 (*s'occuper*)

Les enfants .... du chargement. Les enfants .... du chargement.

5 (*s'aventurer*)

Je .... dans la forêt. Je .... dans la forêt.

6 (*s'arracher*).

Nous .... le journal de bord des naufragés. Nous .... le journal de bord des naufragés.

Production écrite et orale

4 **DELF** **En classe, dites à quel personnage de l'histoire vous vous êtes identifié et décrivez son caractère.** 课堂讨论：你最想成为故事中的哪个人物，并描述这个人物的特点。

5 **DELF** **Vous tenez le journal de bord de la colonie. Racontez l'arrivée et l'accueil à Auckland.** 假设由你来写日志，记录抵达奥克兰的情形和受到的接待。

1. Remettez les dessins dans l'ordre chronologique de l'histoire, puis décrivez-les à l'aide d'une phrase. 将下列图片按故事发生的顺序排列，并用一句话描述图片信息。

2 Cochez la/les affirmation(s) correcte(s) pour chaque personnage. 找出
关于每个人物的正确信息，答案不唯一。

1 Briant

a ☐ Il est néo-zélandais.

b ☐ Il est très courageux.

c ☐ Il monte dans la nacelle du cerf-volant.

d ☐ Il est très bon chasseur.

e ☐ Il est fils unique.

2 Moko

a ☐ Il a douze ans au début de l'histoire.

b ☐ C'est le frère de Briant.

c ☐ Il est mousse.

d ☐ Il se dispute souvent.

e ☐ Il sait cuisiner.

3 Doniphan

a ☐ Son meilleur ami est Briant.

b ☐ Il est d'origine anglaise.

c ☐ Il est bon chasseur.

d ☐ Il a peur de camper dehors.

e ☐ C'est lui qui tient le journal de bord.

4 Kate

a ☐ Elle est américaine.

b ☐ Elle voyageait sur un navire parti de San Francisco.

c ☐ Elle est fiancée avec Walston.

d ☐ Elle n'aime pas les enfants.

e ☐ Elle pensait mourir quand les garçons l'ont trouvée.

Dossier 1

儒勒·凡尔纳

青年时代

　　儒勒·凡尔纳，1828年2月8日出生于重要的海港城市南特，父亲是律师，母亲出身于殷实的船主家庭。11岁那年，儒勒自行离家跑到一艘开往印度的远洋轮船上做水手，不过刚起航就被父亲找了回来。

　　1848年，凡尔纳来到巴黎学习法律。然而，他醉心于文学，尤其是戏剧，在取得文凭之后拒绝继承父业。1850年，得益于和大仲马的关系，他的第一部剧作被搬上了舞台。次年，他担任歌剧院的秘书，开始创作轻歌剧的剧本。

文学和旅行

　　1852年，凡尔纳的第一部长篇小说发表在《万家博物馆》杂志上。他经常去国家图书馆，埋头苦读地理和科学方面的书籍。1857年娶一位年轻的寡妇为妻。1859年前往英格兰和苏格兰旅行，1861年游历斯堪的纳维亚半岛。

　　1862年，凡尔纳将小说《气球上的五星期》投稿给埃泽尔出版社，后者随即与他签订了二十年的合同，并一直续约到他去世之后。小说在法国和全世界都大获成功，成为"非凡旅行"系列作品中的第一部。后续作品中最知名的有《地心游记》（1864年）、《从地球到月球》（1865年）、《格兰特船长的儿女》（1868年）、《海底两万里》（1870年）、《八十天环游地球》（1873年）、《神秘岛》（1874年）、《沙皇的信使》（1876年）、《印度贵妇的五亿法郎》（1879年）、《两年的假期》（1888年）、《卡巴特城堡》（1892年）等。

1866年，凡尔纳购置了第一艘帆船"圣米歇尔号"，船名取自他1861年出生的独子。此后随着他的成功，船越换越大，而船名一直未变。"漂浮的工作间"载着他漫游在北海、波罗的海、地中海。1872年凡尔纳定居亚眠，1889年当选为市议会议员。1905年3月24日在亚眠家中逝世。

作品

凡尔纳一生创作的长篇著作有八十部之多。内容多是想象之旅，但是科学性代替了神话和奇迹。他笔下的人物或步行，或骑马，或乘气球，或坐潜艇，甚至搭载星际飞船，探寻未知的领域。

凡尔纳的作品将历史探险小说和我们如今所说的"科幻"结合起来。他在书中描写的一些机器和技术或许会永远停留在想象阶段，然而不可否认的是，他的作品影响了并且依然影响着全世界千千万万的工程师和探索者。

凡尔纳是一个极擅长讲故事的人。他的作品以引人入胜的戏剧性情节见长，既充满梦的畅想，亦不乏对时代的追问。

Dossier 2

海上生存实用指南

今天，所有类型的船上都配备着至少一艘刚性或充气救生艇。艇内有一本经过防水处理的《海上生存实用指南》，由救生实践和研究中心编写，提供遭遇海难后的求生建议，以及在无人荒岛上的生存之道。

在凡尔纳的时代，这种小册子还不存在。但《两年的假期》中的人物表现出了极大的聪明才智，因为他们采取的做法和《指南》中的建议并无二致。

几个实用建议

踏上陆地之后首先要勘察环境，搞清楚身在何处，周围有无危险，如潮汐、野兽、落石等，然后寻找栖身之所。《指南》建议先利用搁浅的船只，切尔曼寄宿学校的孩子们就是这么做的！食物方面的建议有收集淡水（在海上也应如此）、钓鱼、狩猎，以及辨别可食用的物种。预测天气的部分讲如何辨识云彩、雨带和热带飓风。还有一章教人们利用信号烟火、镜子甚至风筝告知外界自己的存在。如此看来，布里昂和他的朋友们真是足智多谋！

《指南》也提醒了绝对不能做的事情。首先就是永远不要放弃希望。食人尤其是禁止的！这会在幸存者中造成恶劣的气氛，打乱他们为生存作出的努力，直至走向毁灭……

《指南》的最后还有可以剪下来玩的扑克牌。"保持幽默感，对眼前暂时的困境不妨一笑置之。开自己的玩笑更是其乐无穷的事。"

Dossier 3

鲁滨逊式荒岛生活

起源

  《两年的假期》属于"鲁滨逊式"的小说类型。其基本要素十分简单：一人或数人流落到一个无人岛，在恶劣的环境中艰难求生。如果不止一人，还要重建社会。这一类型的开山之作是丹尼尔·笛福的《鲁滨逊漂流记》（1719年）。小说来自真人真事，人物原型是一名苏格兰水手，他在智利海域的一个岛上独自生活了五年（1704—1709年）。

文学

  十九世纪，这一题材的作品大量涌现，目的往往是给年轻读者提供道德品格的楷模。约翰·大卫·维斯的《瑞士鲁滨逊》（1813年）是一部成功之作，讲述了一个家庭在印度尼西亚某个岛上的遭遇。1840到1875年间，法国出现了四十多部此类作品，除了《两年的假期》之外，凡尔纳还著有《永远的亚当》（1871年）、《神秘岛》（1874年）以及《第二祖国》（1900年）。罗伯特·路易斯·斯蒂文森的海盗小说《金银岛》也可算作同一类型。

  二十世纪的作家将这一题材与科幻相结合。加尼·帕杜安的《太空鲁滨逊》（1970年）讲述的是一名美国宇航员独自被困月球的经历。罗伯特·梅尔的《马勒维》（1983年）所塑造的一群核战争幸存者栖身于一个堡垒的废墟之中。

  在威廉·戈丁的《苍蝇王》（1954年）中，因飞机失事流落到荒岛上的一群男孩重新组建了一个残酷野蛮的微型社会。该小说是对之前其他作品中荒岛生活乌托邦式美好想象的反叛。

电视

　　上文提到的作品全部被搬上了电影银幕，电视也对这一题材情有独钟。美国电视剧《迷失》（2004—2010年）就完全属于这一题材：一架客机坠毁，机上乘客置身于一个危机四伏的荒岛，想方设法生存下去。很多电视真人秀节目也把人物放在荒郊野外，拍摄他们直面大自然的反应。

　　谁没幻想过亲身经历一下鲁滨逊式的荒岛生涯呢？

Solutions

Jules Verne

Compréhension écrite

Page 4 — exercice 1

1 V 2 V 3 F 4 V 5 V 6 F 7 F 8 F

CHAPITRE 1

Avant de lire

Page 6 — exercice 1

1 e 2 d 3 a 4 i 5 b 6 g 7 c 8 f 9 h

Compréhension écrite et orale

Page 11 — exercice 1

1 b 2 a 3 a 4 c

Enrichissez votre vocabulaire

Page 11 — exercice 2

1 a 2 a 3 b 4 a

Grammaire

Page 12 — exercice 3

1 Il faut   **2** Il ne faut pas   **3** Il faut   **4** Il faut

Production écrite et orale

Page 12 — exercice 4

Production libre

Page 12 — exercice 5

Production libre

CHAPITRE 2

Avant de lire

Page 13 — exercice 1

1 d 2 e 3 a 4 g 5 b 6 i 7 c 8 f 9 h

Compréhension écrite et orale

Page 18 — exercice 1

1 b 2 d 3 e 4 f 5 c 6 a

Page 18 — exercice 2

1 V 2 V 3 F 4 F 5 V 6 F

Enrichissez votre vocabulaire

Page 19 — exercice 3

1 continent **2** horizon **3** lac
4 grotte

Page 19 — exercice 4

a 4 **b** 2 **c** 1 **d** 3
Production écrite

Page 19 — exercice 5

Production libre

Manuel pratique de survie en mer

Compréhension écrite

Page 21 — exercice 1

1 F 2 V 3 F 4 V 5 F

CHAPITRE 3

Compréhension écrite et orale

Page 26 — exercice 1

a 6 **b** 4 **c** 3 **d** 2 **e** 5 **f** 1

Page 26 — exercice 2

1 *La veille du départ à Auckland, je n'ai pas suivi le reste de l'équipage pour vider un dernier whisky. Je suis trop jeune : j'ai douze ans et je suis le mousse du Sloughi.*

2 *Je suis français. Mon grand frère est*

*là aussi sur l'île. D'habitude, je suis
le rigolo du pensionnat. Mais je n'ai
plus l'air heureux. Peut-être que je
porte en moi un lourd secret.*

3 *Je suis un des grands et je suis
néo-zélandais. J'aime chasser avec
mes meilleurs amis. Je ne crois
pas toujours ce que dit Briant. Je
prends possession de l'île au nom
de l'Angleterre.*

4 *Je suis américain et j'ai quatorze
ans. Je suis méthodique,
raisonnable et sage. C'est pourquoi
je suis proclamé chef de la petite
colonie pour une durée d'un an.*

5 *Je suis français et je suis un des
grands. Mon petit frère fait aussi
partie des naufragés. Je suis
débrouillard et je vais tout faire
pour sauver mes camarades de
cette situation.*

1 Moko 2 Jacques 3 Doniphan
4 Gordon 5 Briant

Enrichissez votre vocabulaire

Page 27 — exercice 3

1 d 2 f 3 a 4 e 5 b 6 c

Production orale

Page 27 — exercice 4

Production libre

La robinsonnade

Compréhension écrite

Page 29 — exercice 1

1 F 2 F 3 F 4 F 5 F 6 F

CHAPITRE 4

Compréhension écrite et orale

Page 34 — exercice 1

1 F 2 F 3 V 4 V 5 F 6 V 7 V 8 V
9 F 10 V

Page 34 — exercice 2

1 sortir 2 débat 3 de la forêt
4 mieux 5 se jette à ses pieds
6 racheter

Enrichissez votre vocabulaire

Page 35 — exercice 3

1 c 2 b 3 f 4 e 5 a 6 d

Grammaire

Page 36 — exercice 4

1 vais ranger 2 va racheter
3 allons partir 4 allez prendre
5 vas te brosser 6 vont danser
7 va étudier 8 allons dîner
9 vont assister 10 vas devenir

Production écrite et orale

Page 36 — exercice 5

Production libre

Page 36 — exercice 6

Production libre

CHAPITRE 5

Avant de lire

Page 37 — exercice 1

1 f 2 a 3 b 4 e 5 c 6 d

Compréhension écrite et orale

Page 42 — exercice 1

a 8 b 5 c 2 d 4 e 6 f 1 g 3 h 7

Page 42 — exercice 2

1 *Je voyageais sur le Severn, un navire de commerce parti de San Francisco et à destination de Valparaiso.*
2 *Nous désirons vivre comme nous l'entendons… Et je n'aime pas recevoir des ordres de Briant.*
3 *Il court vers French Den d'où il rapporte de l'eau et des biscuits.*
4 *Si nous le faisons voler suffisamment haut, il va être visible à une très grande distance. Et même la nuit, si nous y attachons une lanterne.*

1 Kate 2 Doniphan 3 Jacques 4 Briant

Enrichissez votre vocabulaire

Page 42 — exercice 3

1 b 2 a 3 d 4 c

Grammaire

Page 43 — exercice 4

1 avaient 2 t'ennuyais 3 finissait 4 marchions 5 mangeais 6 preniez

Coin Culture

Page 45 — exercice 5

1 b 2 a 3 b 4 b 5 a

Production écrite

Page 45 — exercice 6

Production libre

CHAPITRE 6

Compréhension écrite et orale

Page 50 — exercice 1

1 F 2 V 3 F 4 F 5 V 6 F 7 V 8 V

Enrichissez votre vocabulaire

Page 50 — exercice 2

1 bandit 2 consoler 3 farce 4 revolver

Page 50 — exercice 3

1 c 2 a 3 b

Compréhension orale

Page 51 — exercice 4

Le 8 novembre 1861.
Ce soir, le vent était idéal et nous avons décidé de faire voler le cerf-volant. D'abord nous avons discuté pour savoir qui allait monter. C'est alors que Jacques a fondu en larmes et qu'il a avoué que c'est lui qui avait détaché le Sloughi sur le port d'Auckland.
Puis Briant est monté dans la nacelle et le « géant des airs » s'est envolé dans la nuit. Au bout d'un certain temps, nous avons reçu la balle percée. Alors nous avons ramené le cerf-volant à terre, mais la nacelle a chuté. Heureusement Briant ne s'est pas blessé.
Il nous a dit que les bandits sont à l'est de l'île. Nous allons devoir rester sur nos gardes.

1 a 2 b 3 a 4 a 5 b 6 b 7 b 8 b

Production écrite

Page 51 — exercice 5

Production libre

CHAPITRE 7

Avant de lire

Page 52 — exercice 1

1 d 2 e 3 a 4 b 5 f 6 c

Compréhension écrite et orale

Page 57 — exercice 1

1 b **2** b **3** a **4** a **5** b **6** b **7** a **8** b

Enrichissez votre vocabulaire

Page 58 — exercice 2

```
              1
      2       M           4
      F       I
  3  P A V I L L O N   D
      R       L           E
      O   5  G O E L E T T E
      U       O           A
      C       6  A U T R U C H E
      H           7   8   H
      E           S   C   E
              9  T A B O U R E T
                  P   Q
          10 A B R I   U
                  N   E
                  S
```

Grammaire

Page 59 — exercice 3

1 t'interposes — ne t'interposes pas
2 s'éloigne — ne s'éloigne pas
3 vous promenez — ne vous
   promenez pas
4 s'occupent — ne s'occupent pas
5 m'aventure — ne m'aventure pas
6 nous arrachons — ne nous
   arrachons pas

Production écrite et orale

Page 59 — exercice 4

Production libre

Page 59 — exercice 5

Production libre

TEST FINAL

Page 60 — exercice 1

a 3 **b** 9 **c** 6 **d** 7 **e** 4 **f** 2 **g** 8 **h** 1 **i** 5

Page 61 — exercice 2

1 b, c **2** a, c, e **3** c **4** a, b, e

Notes

Notes

Notes

Secrétariat d'édition : Maria Grazia Donati
Rédaction : Paola Francesconi
Conception graphique : Sara Fabbri, Silvia Bassi
Mise en page : Annalisa Possenti
Recherche iconographique : Alice Graziotin

Direction artistique : Nadia Maestri

© 2017 Cideb
Première édition : Janvier 2017

Crédits photographiques :
Shutterstock.com ; iStockphoto ; Dreamstime ; World History Archive / AGF :
2, Photos 12 / Alamy Stock Photo : 3 ; Rue Des Archives / AGF : 4 ; ABC/
WebPhoto : 28.